CW01302640

Más allá de las heridas

© David Viloria 2023 All rights Reserved

Kindle Direct Publishing

Paperback edition 2023

DAVID VILORIA

Más allá de las heridas

A todos los que luchan por cicatrizar heridas que nunca abrieron.

Capaz no soy el indicado para hablar de las heridas, pero, aunque me queden muchas por hablar, tocar y enfrentar aquí están mis sentimientos, vivencias y heridas más profundas, unas las he cicatrizado otras no tanto. Creo que todos en algún momento necesitamos pasar por distintas etapas que se dividen en cuatro: romperse, cicatrizar, soñar y vivir.

Romperse porque todos en algún punto nos hemos hecho añicos, sin nadie que pueda reconstruir nuestros pedazos, nadie que nos diga que todo va a estar bien cuando nuestras lágrimas deciden salir porque nuestro cuerpo ya no aguanta más.

Cicatrizar porque, aunque es una transición que toma tiempo, podemos ser capaces de poner una venda en nuestro propio corazón cuando pareciera que dejará de latir.

Soñar porque incluso cuando nuestros sueños estaban totalmente olvidados, cicatrizar y enfrentar nos permite avanzar a lo que un día fue un sueño que anhelábamos profundamente.

Y vivir porque una vez logremos ver más allá de las heridas, tocándolas, enfrentándolas, superándolas y sabiendo que no somos nuestras heridas sino como las sobrepasamos es que podremos lograr ver más allá de ellas para poder vivir libremente.

Etapas de una herida

Romperse es el momento donde la herida abre, ella está ahí, duele, duele mucho hablar de ella, duele mucho tocarla, pero si no la tocamos no podemos enfrentarla y si no la enfrentamos jamás podremos cicatrizarla, porque debemos cicatrizar para poder soñar y soñar para poder vivir, y su cicatriz nos recordará que lo que un día nos dolió hoy cicatrizó.

Romperse

Grietas

En estos momentos llego a pensar que todos estamos rotos, capaz no todos por las mismas situaciones, pero todos lo estamos, muchos al punto de ver nuestras grietas.

Grietas que nos recuerdan que hay roturas que capaz nunca cicatricen.

Grietas en las que podemos ver a través de ellas lo que algún día nos rompió hasta hacernos trizas.

Grietas que nos recuerdan la infinidad de veces que hemos tratado de reconstruirnos, pero todo se desmorona, lo intentamos una y otra vez,
pero todo vuelve a caer.

Lágrimas

Hasta llorar se nos cuestiona, se nos pide explicación, si tan sólo nos dejaran llorar libremente. Lloramos cuando algo que nos aterra sucede, lloramos cuando el nudo en nuestra garganta explica más que nuestras propias palabras.

Lloramos cuando el abrazo de aquel amigo es lo único que tenemos para la tormenta que nuestros ojos derraman.

Lloramos cuando rompen nuestro corazón y teníamos la esperanza de que por fin alguien nos quisiera.

Lloramos en el momento que no tenemos como explicar nuestros sentimientos, nuestras lágrimas sólo son: tristeza, frustración y miedo, no nos pidas que expliquemos algo que ni nosotros mismos podemos.

Sólo déjennos llorar.

Aceptar

Cuando iba cayendo por un precipicio tan profundo de emociones confusas, me tocó caer en cuenta y entender que nunca te importó lo que sentía era la realidad de todo lo que habíamos vivido.

Me tocó entender que decidiste irte porque para ti un siempre juntos no era una posibilidad.

Me tocó entender que mientras yo estaba dispuesto a dejarlo todo por estar contigo, para ti yo no valía nada.

Me tocó aceptar que nunca me quisiste, pero yo te amé con cada latido de mi corazón, por ti mis roturas se hacían un solo fragmento para estar completo para ti.

Caer en ese precipicio me hizo entender y aceptar que sólo fui yo tratando de hacer todo para que me quisieras y no soltaras mi mano.

Acepté que estaba intentando moldear a alguien que no existía y jamás existió, sino que yo me imaginé en mi cabeza y corazón.

Aunque yo no iba cayendo por ese precipicio me aventaron en él para poder entender,
que tú no eras para mí.

En otra vida yo, sería tu chico
seguiríamos con nuestras promesas, seríamos nosotros
contra el mundo.
En otra vida, haría que te quedes
entonces no tendré que decir que fuiste tú
que se fue.

Katy Perry, «The One That Got Away»

Aislar-me

Normalicemos estar solos, hay momentos donde no queremos hablar, donde los ánimos están totalmente apagados y solamente queremos estar solos.

Me toca aislarme, porque en soledad abrazo mi cuerpo cansado que sólo quiere llorar y sentir mi propio calor, con un abrazo que sólo yo puedo darme.

Me toca aislarme, porque siento que no doy para más, ya no puedo fingir que estoy bien y que todo lo estará, sólo afronto lo que sucede sin miedo a lo que pasará después.

Me toca aislarme porque quizás,
sólo yo pueda salvarme.

¿Hasta cuándo?

Siempre me repito hasta cuándo, porque cuando parece que el agua está mansa comienzo a nadar contra la corriente con temor de ahogarme en mis miedos, mi ansiedad y mis problemas.

Hasta cuándo me repito una y otra vez porque me siento cansado de nadar contra la corriente.

Cansado de querer tener todo bajo control, cuando en el fondo no lo tengo ni de mí mismo y de lo que siento.

Hasta cuándo mi corazón aguantará tantos cambios.

Hasta cuándo ocultaré que ya no puedo seguir, porque algún día mis brazos no podrán seguir nadando contra lo inesperado.

Sólo espero no perderme más, tratando de escapar de la triste realidad.

No aguanto más

El sentimiento de cansancio, cansancio de la rutina agobiante, cansancio de fingir que todo está bien, cuando la verdad es que estoy tan roto que no me reconozco.

No aguanto más me digo a mí mismo, cuando algo nuevo se añade a la lista.

No aguanto más me digo, cuando la presión en mi pecho es más fuerte que mis ganas de vivir.

No aguanto más me digo, cuando la vida adulta toca mi puerta y todavía no me siento preparado para afrontarla, pero aun así llegará y tendré que abrirle.

No aguanto más me digo, cuando el aire faltante y los latidos tan consecutivos de mi corazón explican mejor el sentir de no poder, porque ni yo mismo con palabras puedo hacerlo.

Digo que estoy bien, pero parece que me estoy muriendo
¿Por qué las palabras en mi cabeza se vuelven tan violentas?
la mitad del tiempo apenas sobreviviendo
pero lo estoy intentando, lo estoy intentando.

Alexander Stewart, «I'm Trying»

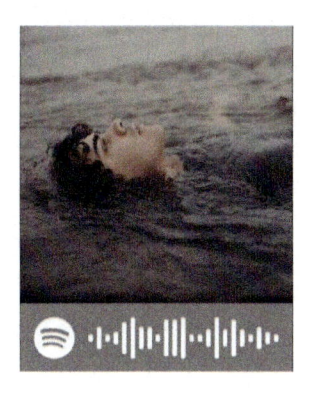

Sin salida

Suelo sentir que estoy en un recorrido sin salida, que estoy en un laberinto que me trae una y otra vez al daño del que deseo escapar, al recuerdo que intento olvidar y a la cicatriz que no quiero volver a tocar.

Suelo sentir que por más que intente, vuelvo a estar donde empecé y que por muchas cosas que haga el daño siempre sabrá donde encontrarme.

No me siento preparado para enfrentarlo porque duele, duele mucho, enfrentar lo que alguna vez te dejó cicatriz.

Puedo sentir que no hay una salida por la cual zafarme y tendré que enfrentar el dolor que la herida me dejó y así podré sanar.

Porque este laberinto sin salida,
se llama vida.

Dolorosa espera

Vivo mi vida esperando sentimientos y acciones que no pasarán, pensando que todos actuarían como yo.

Vivo terminando en un vacío profundo en mi cabeza cada vez que me decepciono, sintiéndome en una dolorosa espera que jamás terminará.

Porque lo que yo haría por ti, tú no lo harías por mí.

Me he abandonado por esperar tanto de alguien más y todo por pensar que sienten igual que yo.

He esperado tan poco de mí y tanto de los demás que hasta me he llegado a perder de tanto esperar.

Alma triste

Al trascurrir la vida aprendemos a vivir con tantas cosas que suceden en el camino, como ese nudo en la garganta, aquel dolor en el pecho que nos neutraliza y ese pesar en el alma que quizás nunca se irá.

Me he convertido en un alma triste coexistiendo con una personalidad feliz.

Un alma triste que, aunque se le esté viniendo todo abajo nunca lo demostrará.

Un alma triste que aprendió a vivir con el dolor
que el transcurrir de la vida le dejó.

Razones

Ahí estaba yo, totalmente destruido intentando encontrar razones para quedarme a tu lado.

Razones para no dejar ir el sueño de lo que quería que fuéramos, sueño que sólo existía para mí porque desde tu perspectiva yo era uno más.

Cada vez que intentaba alejarme sólo me aferraba a los momentos rosas antes de que todo se tornara oscuro tanto así como una pesadilla.

Cuando al fin las razones para quedarme eran inexistentes, conseguía el valor en mi corazón desgastado para alejarme y así poder olvidarte, llegabas y desestabilizabas mi mundo.

Porque para ti sólo importas tú, aunque me habías traicionado y hecho pedazos, volvía a ti.

Volvía a ti porque quería salvar algo que había muerto desde hace mucho, sólo que yo no me había dado cuenta.

Lástima que terminaste yéndote tú.

Y ahí estaba yo totalmente destruido porque te habías llevado todo de mí.

Intentando encajar partes de mí por el vacío que había dejado tu partida aquella noche.

Quisiera que te quedaras en mis recuerdos
pero hoy apareces sólo para arruinar las cosas
quiero ponerte en el pasado
porque estoy traumatizado
pero no me dejas hacerlo.

Conan Gray, «Memories»

Desvivir-me

Una vez escuché que las relaciones son como plantas, debes regarlas todos los días, porque si no, mueren.

Diría que va con todas las relaciones en la vida.

Cada vez que formo un lazo de amistad inmediatamente para mí ya es mi mejor amigo y comienzo a entregarle todo de mí, podría decir que voy contigo hasta el fin del mundo.

Lo que yo jamás me imaginé fue que no todos iban a actuar como yo, eso lo descubrí cuando entendí que mientras yo iba hasta el final de las sombras para protegerlos, ellos me dejaban solo en mi dolor.

Hay tantas relaciones que si las soltara no sobrevivirían, porque el único que las mantiene con vida, soy yo.

Todo por creer que los demás harían lo mismo por mí, cuando ellos en ningún momento me lo prometieron.

Por eso me he llevado tantos malos momentos, que me hicieron reflexionar y comprender que no debo desvivirme por personas que no se desvivirían por mí.

Quebrar-me

Algunos días siento que de una vez por todas me estoy curando y días después me vuelvo a romper.

Si pudiese evitar quebrarme lo haría, pero para alguien tan sensible como yo, pareciera que jamás será una opción.

No será una opción, porque a veces sólo quisiera paralizar el tiempo que me agobia y que me hace sentir tan perdedor.

No será una opción, porque la vida no es como se la imaginaba mi yo de 7 años.

No será una opción, porque cuando intento arreglar una parte de mi vida la otra se destruye.

No será una opción, porque aunque manejo todo con una sonrisa como si estuviese bien, realmente estoy llorando por dentro, buscando no quebrarme frente a nadie.

Por más que intento mantenerme completo, al final del día soy únicamente pequeños fragmentos que espero se mantengan unidos algún día.

Por ahora soy sólo eso,
pequeños
    fragmentos
        quebrados.

Bucle

Siempre he vivido con la sensación de que estoy en un bucle y ahí me encuentro profundamente solo.

Porque todos en la mínima oportunidad que tienen de irse se van,
dejándome solo.

Solo en mis pensamientos,
porque le temo a que me abandonen.

Le temo a que me dejen a solas conmigo mismo y no pueda seguir.

Siempre me pregunto si será por eso que le tengo tanto miedo a crear vínculos,
porque de una u otra forma siempre
acabo en el bucle de la soledad.

Tan cansado de esta soledad
parece un desperdicio de aliento
tanto que tengo que decir
tanto para quitarme del pecho.

Sam Smith, «Make It To Me»

Carta para mí:
(Romperme)

Sé que nadie te habló de lo que sería romperte, romperte en pequeños pedazos, hasta observar roturas que quizás sean irremediables, sé que no sabes cómo explicar lo que sientes, sólo te ves cayendo por un precipicio de emociones confusas.

Sé que te sientes perdido y no sabes si podrás salvarte del caos que la vida te ha dejado, estás cansado de fingir, pero tienes miedo al exponer lo que sientes, por miedo de volver a estar donde empezaste.

Sólo te puedo decir que aquellas roturas que piensas que nunca se volverán a unir, si pueden cerrar y que la herida que sigue abierta podrá cicatrizar.

Cicatrizar

Heridas

En medio de la oscuridad estoy yo,
sangrando cada vez que toco mis heridas sin cicatrizar,
sin sanar y sin superar.

Heridas que me trasladan a momentos a los cuales no quiero regresar, porque cada vez que vuelvo no puedo evitar romperme.

Romperme al punto de desgarrarme el alma por lo sucedido aquel día que pensaba no sobreviviría.

Romperme por aquel amor de verano que soñaba, pero se convirtió en una pesadilla de la que ojalá me hubiese despertado a tiempo.

Mis heridas sangran cuando recuerdo aquella noche donde no pude contenerme y lloraba sin parar, por hallarme totalmente roto por la vida.

Sangran porque no he sido lo suficientemente valiente para cerrarlas, porque pienso que no hablar de ellas será como si no estuviesen.

Piloto automático

Ya me acostumbré a fingir que todo estará bien, cuando claramente no lo está, veo todo derrumbarse y lo único que puedo hacer es ponerme en piloto automático.

Piloto automático porque no tengo fuerzas para ser yo el que tome del volante, sólo que pase lo que tenga que suceder, creyendo que algún día todo mejorará, pero sé que así no será.

Sólo me toca estar sin estar realmente, esperando algún día ser yo el que tome el control.

Y dejar de fingir, porque somos especialistas en fingir cuando de felicidad se trata.

Creo que me olvidé de cómo ser feliz
algo que no soy, pero algo que puedo ser
algo por lo que espero
algo para lo que fui hecho.

Billie Eilish, «What Was I Made For?»

Siento

Siento que llorar de felicidad es muy difícil que suceda, aunque dicen que si nunca hemos experimentado esa sensación jamás hemos sido felices realmente.

Escarbando mis recuerdos puedo decir
que nunca lo he sido.

Siento que abundan más los motivos para llorar que para sonreír, para estar triste que para estar feliz.

Siento que nunca he sido feliz realmente y sólo puedo pensar en aquellas noches frías, donde tenía que llorar para desenredar el nudo en mi pecho y dormir cubierto de lágrimas de inmensa tristeza.

Vivo con la ilusión de que algún día lloraré de felicidad y será un momento catártico, que me recuerde lo mucho que he aguantado y sobrepasado para llegar hasta ese punto.

Y veré que finalmente amaneció
después de una larga noche despiadada.

Quedarme-irme

Cuando a veces me pongo a pensar sobre mi pasado me gustaría volver en el tiempo, ver a mi yo de esa época y darle un abrazo fuerte, porque la vida ha sido muy difícil.

Abrazar a mi yo de 8 años y decirle que, aunque nadie lo escuche y se sienta solo sí lo logrará,
abrazar a mi yo adolescente y decirle que incluso cuando se ha visto hundido en distintos huecos de tristezas, ansiedad y soledad es en esas situaciones donde creamos cosas maravillosas.

Y no sé cómo mi yo de esas épocas pudo llegar a donde está hoy sin rendirse por todo lo que pasó,
diría que fue demasiado y me gustaría agradecerle por seguir aquí y no irse.

Al final sí sanamos

Qué hago si no puedo ver el final sino el ahora, el ahora donde me traicionaste al punto de querer huir de mis pensamientos, que se cuestionan si fui el culpable de arruinar todo, cuando en realidad fuiste tú.

Cómo hago si no puedo ver el final, cuando volvía a ti una y otra vez incluso sabiendo que nunca me amaste, amaste la idea de que yo te amara.

Amaste todas las cosas que hice para que te quedaras.

Al final sí sanamos, pero cómo sano algo que yo no rompí, sino que tú destruiste al punto de dejarme deshecho sin respirar y sin poder sentir.

Al final sí sanamos,
pero no sé si ese final sea mi final.

Besarnos en el auto y en los bares del centro
era todo lo que necesitábamos.
Dibujaste estrellas sobre mis cicatrices
pero ahora estoy sangrando.

Taylor Swift, «Cardigan»

Lugares rotos

Vivimos imaginando que mientras estemos más completos mejor, para mí es preferible estar roto y haberlo intentado a estar completo y ser un cobarde que por miedo a las circunstancias no se atrevió.

Es en las roturas donde la luz traspasa y nos demuestra que tienen un propósito,
sino todo fuese oscuro dentro de nosotros.

Abrazo mis lugares rotos, que me llevan a las veces que desprecié mis roturas, cuando ellas me hacen ser quien soy y me recuerdan lo valiente que he sido.

Lugares rotos a los que veré cuando me sienta perdido, perdido en mi realidad inquebrantable,
haré todo por encontrarme y nunca soltarme.

Sólo espero, no sea demasiado tarde.

Momentos fugaces

Las veces que he sido feliz no me he sentido merecedor, porque en los momentos donde algo bueno me sucede, tengo miedo.

Miedo porque cuando soy feliz siempre viene un golpe desgarrador que me hunde, porque creía que esos momentos felices serían eternos, pero no.

Los momentos felices tienen tanta duración
como las estrellas fugaces.

Están para demostrarnos que la vida tiene destellos de felicidad que son albergados en momentos maravillosos.

Y que cuando pensemos que no amanecerá, que sólo hay oscuridad, esos momentos fugaces serán el respiro en el ahogo y la paz en la tormenta.

Corazón vendado

Suelo sentir un profundo dolor de desesperación al encontrarme desolado en mi habitación, con un sentimiento agobiante de soledad.

Siento mi corazón romperse, cuando entiendo que nadie hará nada por mí
y que la venda la pondré sólo yo.

Me tocó entender que vendar mi corazón era la única manera de cicatrizar la herida, con la ilusión de que algún día la herida cierre, mientras tanto vendo mi corazón hasta sentirme lo suficientemente curado de todo lo que ha pasado.

Vendar mi corazón me hizo comprender que nadie hará nada por mí, solamente queda besar mis heridas hasta que sanen por completo y pueda hablar de ellas libremente.

La última vez que recordé como aquel año sobraron las heridas
la última vez me prometí que, si volvían a por mí, no estaría.

Aitana, «La Última»

Miedos

Tantos miedos y pocas esperanzas, tantas preguntas y pocas respuestas, que me he llegado a sentir tan insuficiente.

Insuficiente entre tanta perfección que veo y a la que no pertenezco, duele compararme entre tantas personas logrando cosas, que hasta me he perdido en mis propios sueños, al no tener idea de cómo será mi futuro y si llegaré a ellos.

Porque siento miedo al no ser perfecto.

Miedo al futuro aterrante, porque no importa cuantos sueños tenga, pienso que no los lograré.

Miedo a no llegar a ser suficiente para nadie,
ni siquiera para mí.

Me he convertido en mi propio miedo al no saber para qué estoy hecho.

Tantos miedos y me he convertido en el
                                                mayor
                                                   de
                                                       ellos.

Hogar

A lo largo del camino, he conocido personas que se han convertido en mis salvadores,
me han salvado sin darse cuenta.

En los momentos más críticos son la calma en la tormenta, ellas no me colocan un paraguas para no empaparme, ellas se meten en la tormenta conmigo y esperamos a que disipe juntos.

Personas que se convierten en mi fuente de luz cuando estoy ahogado en un océano de inseguridades y tristezas.

Personas que se convierten en un lugar donde puedo respirar y ser libre de juicios.

Ellas son mi hogar.

Volver a mí

Me he logrado observar a mí en diferentes escenarios,
a veces siento decepción otras comprensión.

No sé si señalarme o abrazarme, sólo sé que este soy yo
y no puedo cambiar las vivencias, las circunstancias y
mucho menos las heridas.

A veces necesitamos perder todo
para volver a encontrarnos.

Necesitamos tocar la herida
para volver a sentir de que estamos hechos.

Necesitamos desactivar el piloto automático
y tomar el volante de nuestra vida.

Me he logrado observar a mí y después de todo,
lo único que necesito es volver
a
mí.

Mi último adiós

Si pudiese contar las veces que intenté decir adiós, cuando ya no quería estar más a tu lado, cuando intentaba dejarte desvanecer con el tiempo e incluso así, no podía lograrlo.

Aunque dijera adiós, seguías en mi cabeza.

Seguía aferrado a un "para siempre" que no existía, al parecer, sólo yo me lo creí.

Vivía con la ilusión de que me vieras como lo hacías al principio, lástima no fue así.

Hoy entiendo que, aunque decir adiós tenga efectos colaterales, me despido de la versión de mí
que te amaba.

Me despido de todo lo que significabas para mí.

Porque es mi último adiós y por primera vez
me elijo a mí por encima de ti.

Viví, aprendí
y descubrí lo que era dar la vuelta
y ver, que nosotros
nunca estuvimos realmente destinados a estar juntos
así que mentí, y lloré
y vi morir una parte de mí.

Taylor Swift, «You All Over Me»

Carta para mí:
(Cicatrizar)

Todos dicen que la etapa más dolorosa es cuando la herida se abre, pero nadie habla del proceso de cerrarla y de lo difícil que es, ha sido duro tocar y enfrentar la herida, para poder llegar a cicatrizar.

Y más cuando te toca cicatrizar algo que no rompiste, cuando únicamente te queda vendar tu propio corazón, con la esperanza de que aquella herida sane, a pesar de lo difícil que ha sido el camino lo que más necesitas es a ti mismo, saber elegirte cuando nadie más lo hace.

Y lo más importante, nunca soltar los sueños por los cuales no te has ido.

Soñar

Lo superaré

Me digo al ver mis cicatrices, lo superaré me digo al abrazar mi cuerpo cansado de los conflictos que deja el paso por crecer.

Lo superaré me digo, cuando las olas de mi realidad logran alcanzarme, al punto de sofocarme y sólo sé que en verdad, no sé superar realmente lo que me pasa.

Y aunque diga que no, puede que el dolor me haya salvado y me esté ayudando a saber cómo superar,
lo que no puedo explicar.

Superar mis heridas internas, mi abandono y mis más profundas tristezas, y aunque superar sea difícil,
sí lo haré.

Le quitaré la venda a mi corazón y soñaré, porque al despertar, haré todo lo que mi corazón sano dice.

Porque para soñar desde el corazón, tiene que estar sano y aunque las cicatrices traigan recuerdos, sabrás que lo que alguna vez fue una cicatriz, hoy te da el paso a soñar y que al despertar, solamente puedas decirte:

Lo superé.

Cambios

En la metamorfosis de lo que es crecer, estaremos
expuestos a constantes cambios,
cambios que nos harán superarnos, cambios que nos
harán llorar de frustración y cambios que nos romperán.

Cambios que lograrán que nos perdamos y a su vez que
nos encontremos con nuestro verdadero yo.

Lo importante es que, aunque estemos cambiando, no
olvidemos de amarnos primero,
para luego poder amar a alguien más.

No olvidemos de superar y avanzar,
porque de eso se trata la vida, de cambios.

Cambios en los que el amor nos salvará.

Porque, aunque estemos en constantes cambios,
el soñar nos revolucionará.

Estoy envejeciendo, tengo más sobre mis hombros
pero lo estoy haciendo mejor
al admitir cuando me equivoco
estoy más feliz que nunca, al menos, me esfuerzo
para eso.

Billie Eilish, «Getting Older»

Sobre pensar

Como una persona que sobre piensa cada cosa que hace, que imagina muchos escenarios en donde todo se desploma y para ese desplome tengo una solución.

Porque en realidad quiero tener todo bajo control, aunque en verdad no necesito tenerlo, lo único que gano es generarme ansiedad, angustia y culpa.

Sobre pienso por miedo al fracaso,
por temor al qué dirán y cuando amo y tengo miedo de perder en el intento.

Sobre pienso cuando todo está por derrumbarse y no puedo hacer nada,
porque quiero ser lo que un día soñé.

Difícilmente me tocó entender, que en distintas ocasiones hay que dejar que las cosas pasen, sean buenas o malas, el destino sabrá que quiere enseñarnos y cuándo.

Veremos que no son buenas o malas, ellas son experiencias, ambas nos hacen crecer,
aprender y avanzar.

Salvar-me

Siempre quiero salvar a todos cuando se sienten aislados y desamparados, quiero cumplir el papel de salvador innato, aun cuando no he ni podido salvarme a mí mismo de la oscuridad y la infelicidad, que causa desvanecerme al punto de no querer pensar para no quebrarme.

No he podido salvarme, cuando me he dicho a cada instante que no soy lo suficiente para mí,
cuando prioricé a otras personas antes que a mí.

No he podido salvarme cuando el amor que tanto me debí dar a mí, se lo entregué todo a alguien, que no merecía ni la mitad de lo que le di.

No he podido salvarme de los sentimientos intrusos que me hacen sentir cada vez más diminuto. Y aunque no pude salvarme a tiempo en muchas facetas de mi vida, hoy me hago una pregunta:

¿Quién me salvará a mí?

Yo me salvaré, yo elijo salvarme.

Elijo ser mis paracaídas en las caídas y mi arnés en las alturas que pienso, acabarán conmigo.

Porque algún día lograré ver más allá de las heridas, que antes no sané.

Por las grietas de la piel (de la corteza),
yo escalé hasta la cima,
escalé el árbol para ver el mundo.
Cuando las rachas de viento llegaron
para echarme abajo,
me aferré tan fuerte como tú me abrazabas.

The Cinematic Orchestra · Patrick Watson, «To Build A Home»

Carga inhóspita

Si retrocedo y miro hacia atrás, puedo observarme
llevando cargas que nunca debí tener
y muchas siguen conmigo.

Son cargas que, aunque desee soltarlas se aferran a mí
con tanta fuerza,
que se me hace imposible librarme de ellas.

Son cargas que me recuerdan tantos momentos a los
que no quisiera volver jamás.

Son cargas que algún día espero soltar,
para no sufrir más por mi pasado inhóspito.

Pasado, al que no quiero regresar.

Historia triste

Me convenzo todos los días que no soy una historia triste destinada al dolor, que no tengo por qué estar destinado a un final desgarrador o a una pesadilla de la cual no pueda despertar.

Me convenzo de que no soy una historia triste más del montón, de la cual tenga que avergonzarme.

Me convenzo de que no soy lo que me pasa, sino como lo enfrento.

Me convenzo de que, aunque hoy mi tristeza me haga ver todos mis sueños nublados sólo yo puedo disiparla y continuar, aunque no tenga ganas.

Me convenzo de que no soy una historia triste de la cual tenga que redimirme, sino aprender a vivir con el dolor que de una u otra forma me
      hace
       ser
        yo.

Nunca es tarde

Dicen que el tiempo es nuestro mejor amigo, pero conforme voy creciendo me doy cuenta que él,
no hace absolutamente nada.

Lo entendí cuando me convertí en el abrazo que esperaba, en el refugio que soñaba y en el amigo que siempre quise tener.

Lo entendí cuando el tiempo no curó mis heridas, fui yo abrazando mis imperfecciones que tanto me repetía, hallando razones para seguir y no dejarme rendir.

Lo entendí cuando al final del día estaba yo solo, drenando todo lo que había estado ignorando
por miedo a sentir.

Y ahí estaba yo secando mis lágrimas en una noche tormentosa, ayudándome a respirar porque sentía que el aire se me iba.

Por eso nunca es tarde para encontrarse,
el tiempo no hace nada.

Eres tú.

Matilda, tú hablas del dolor como si estuviera todo bien,
pero sé que tú sientes como si una parte de ti
estuviera muerta por dentro
me mostraste una fuerza que es grande lo suficiente para
traer el sol en los días más oscuros.

Harry Styles, «Matilda»

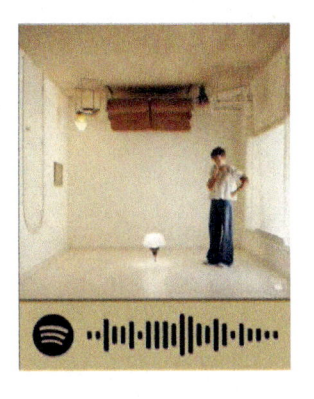

Piezas rotas

He estado a punto de rendirme, de soltar lo que me retiene acá, he tocado fondo al grado de no ver la luz de la que tanto me hablan que resplandece en los momentos oscuros.

He estado desangrándome a través de la herida que intento cicatrizar y no sana.

Me queda pensar que, aunque intente cerrarla se me hace muy difícil cicatrizar,
porque una parte de mí siempre dolerá.

Y aunque siempre dolerá por más difícil que sea, sé que sanará porque sanar no significa que no duela, sino que el dolor no controla mis pasos.

Y aunque cicatrizar se torne en una misión que pareciese imposible, me tocará entender que puedo sanar aun estando roto.

Roto en pequeñas piezas, que me recuerdan las heridas que me hacen pensar, que al final de todo,
soy suficiente.

Abrazo invisible

Si tuviera que describir un sentimiento liberador, sería el que siento cuando hablo de mi dolor.

Cuando hablo de lo que me duele y de lo que estoy pasando, es como conseguir nuevamente el aire que tanto me quita la ansiedad.

La ansiedad que me viene derrotando, hasta cargar con un peso dentro mí, con el que siento no puedo más.

Y sólo hablar de lo que me duele, me hace soltar ese peso en mi corazón, porque hablar de mi dolor, me hace entenderlo, palparlo y observarlo.

Hablar de mi dolor me libera del silencio,
al que vivo condenado.

Hablar de mi dolor es una cura en mis heridas
y un abrazo al alma.

Un abrazo invisible que nada más yo puedo darme.

Ser-estar

Hace un tiempo escuché un refrán que decía: "hay personas con las que somos y otras con las que estamos". ¿Pero cuál eliges ser tú?

Yo elijo ser, porque estoy apreciándome tal cual soy, con errores, defectos e imperfecciones que a diario veo en mi espejo y me cuestionan mi papel.

Elijo ser con aquella amiga que sostuvo mis manos al tambalear, que secó mis lágrimas cuando me ahogaba con ellas, elijo ser con aquellos amigos que, aunque quería estar solo no me dejaron.

Y al final pude entender que siendo yo, puedo quedarme a solas conmigo mismo
y no odiar lo que en el espejo veo.

Perdido

Siempre veo que todos tienen un camino bien marcado a seguir y pienso, que soy el único que se siente perdido.

Perdido, porque no sé qué haré o lo que me deparará el futuro tan presionante.

Me aterra arruinar todo y terminar acabado en las sombras.

Pero si algo es cierto es que soy joven y encontraré mi camino, bien dicen que primero hay que perder el rumbo para encontrar el destino soñado.

Sé que por muy perdido que me encuentre,
llegaré a ver más allá de la oscuridad.

Y cuando llegué a mi destino podré abrazarme, porque a pesar de todo, logré encontrar el camino que tanto me disputé si existía.

O por lo menos, para mí.

Cuando lo intentas todo, pero no tienes éxito,
cuando obtienes lo que quieres
pero no lo que necesitas, cuando te sientes
tan cansado, pero no puedes dormir,
atascado en marcha atrás.

Coldplay, «Fix You»

Carta para mí:
(Soñar)

En los peores momentos, lo único que te mantenía aún acá, eran los sueños. En el proceso de sanar una herida, siempre fueron los sueños los que te hicieron revolucionar, no te olvides de ellos.

Los sueños han sido una razón más, para sanar aun estando roto, para crecer y no mirar hacia atrás.

Cuando logras encontrarte, cada meta se convierte en un motivo para sonreír, ser uno mismo y priorizar lo deseos del corazón.

Se entiende en el andar, que únicamente tú ves por tus sueños, y todo por más difícil que se vea, se coloca en su lugar y es así como logramos superar y llegamos a la meta.

Vivir

Fluir

Cuánto me cuesta fluir, fluir con la vida que tanto me cuestiono, que tanto me reprocho y de la que muchas veces, deseo salir.

Cuánto daría por dejarme fluir, y que todo cayera en el lugar donde correspondiera en mi vida.

Fluir, sólo eso quiero y deseo, para sentir que vivo de nuevo.

Y es así como realmente,
hay que vivir.

Atrévete

En mi cabeza, siempre se repite que no soy lo suficientemente capaz para alcanzar lo que tanto sueño y persigo.

A pesar de eso, siempre recuerdo, que más vale una cicatriz por valiente y haberlo intentado,
a una piel lisa por miedo a intentarlo.

Por eso prefiero atreverme a luchar contra lo inesperado, aunque eso me lleve a tener que saltar a acantilados desconocidos, que me enseñan que atreverme es la mejor opción.

"¿Qué sería de la vida si no tuviéramos el valor de intentar cosas nuevas?" (Vincent Van Gogh)

Atreverse siempre nos enseñará, nos guiará, y nos cumplirá aquellos sueños que estuvieron por mucho tiempo rotos y olvidados.

No se brilla sin oscuridad

Siempre he creído que, así como vendamos nuestras heridas también es importante abrazar nuestra oscuridad, suena irónico, pero sin la oscuridad ninguna luz pudiese resaltar de manera fuerte y persistente para poder apreciarse.

Creo que la oscuridad en nuestras vidas es nuestro punto de partida, porque aun cuando todo está oscuro, puedes brillar más que tu adversidad.

Aunque tengas oscuridad en tu vida, jamás te impedirá que brilles, tanto así como las estrellas.

No se brilla sin oscuridad es el arte de utilizar la oscuridad a tu favor, para cumplir sueños, lograr metas y vivir con fuerzas.

Así mismo, es en la adversidad donde la relación con nosotros mismos se fortalece.

Y nos convertimos en nuestra propia luz
al final del túnel.

No quiero perder el control
ya no hay nada que pueda hacer
intentando todos los días cuando aguanto la respiración
girando en el espacio, presionando sobre mi pecho
no quiero perder el control.

Zoe Wees, «Control»

Latidos constantes

Si pudiéramos ser capaces de permitirnos sentir las emociones tanto así como nuestro propio corazón, sería todo tan diferente.

Se nos cuestiona la tristeza, la ira y hasta la propia felicidad, que nos da miedo, sentir a flor de piel cada uno de nuestros latidos que nos hacen ser nosotros.

Todo puede mentirnos, menos el corazón,
nos hace sentir la tristeza cuando pareciese que nuestro cielo se tornase oscuro.

Nos hace sentir felicidad cuando la oscuridad se va y viene un amanecer de paz, pero sobre todo nos hace sentir vivos cuando percibimos que nuestra alma cansada no puede con nada más.

Latidos constantes que me hacen sentir
cada fragmento de mi ser y me permiten vivir cada fibra.

Estaré bien

Creo que en los mejores años de mi vida o por lo menos eso dicen de la adolescencia, he tenido que pasar por tormentas que pensaba me ahogarían.

A duras penas me ha tocado entender,
que los problemas no me definen.

No soy la tormenta, soy cómo la enfrento, de algunas salí ileso de otras, no tanto.

Aunque en algunos años saldré de mi adolescencia, me llevo todas las vivencias que me hicieron llorar, reír y crecer.

Sólo puedo decirme que,
aunque me encuentre algo roto,
estaré bien.

A pesar de todo

Siempre creí que el final feliz no era para mí,
todos lo merecían, menos yo.

Luché conmigo para entender, que todos merecemos un final feliz, donde el final pase de ser aterrador a gratificante, por eso todos lo merecemos.

Hasta yo mismo.

Después de tantos momentos de cuestionar si en verdad quería seguir, hoy afirmo que a pesar de todo no me rendí y aunque me dejaron solo, pude ver en mí, lo que muchas personas no lograron ver.

A pesar de todo me encontré,
me abracé y
no me soltaré.

Pero yo aprendí a mirar lo que al mirarme no viste
y ahora quieren florecer las rosas que no me diste
tanto que me dolió, tanto que se curó
y tanto que te perdiste
yo me volví a querer cuando te fuiste.

Aitana y Natalia Lacunza,
«Cuando te fuiste»

Creer

Aunque la tormenta haga ver todo nublado,
todo oscuro y denso,
elijo creer que en algún momento, cesará.

Y un atardecer me recordará, que por más oscuro,
ruidoso y molesto que algo parezca.

Al final podremos ver un rayo de luz,
entre tanta niebla.

Perdonar-me

Si tan sólo, lograra perdonarme con la misma facilidad
con la que alguna vez perdoné,
a quien me hizo daño y amaba tanto.

Si tan sólo, me perdonara por las veces en las que no me
coloqué primero para evitar mi derrumbe, sin tan sólo,
me perdonara por no pedir ayuda cuando la he
necesitado en mis momentos de fragilidad.

Si tan sólo, me perdonara con la misma simpleza,
que perdono a alguien que amo.

Si tan sólo, me perdonara por las veces que no me supe
cuidar del daño de los demás.

Para vivir libremente tengo que perdonar-me y curar-me
por todo lo que ha sucedido y no he sanado.

Si no me perdono,
cómo viviré siendo mi propio enemigo,
en mi propio cuerpo.

Perdonar-me, me hará vivir en paz conmigo mismo y aunque me resulte difícil,
es el mayor abrazo a mi yo del pasado.

Que tanto daño se hizo, pero sobre todo,
 es un abrazo a mi alma.

Perdóname también
si alguna vez me he equivocado
si no te supe comprender
ni ver tus ojos desgarrados.

Marina Reche, «Por Si Quieres Volver»

Silencio

La vida transcurre y nosotros avanzamos con ella, con el tiempo vivimos, lloramos, soltamos carcajadas de felicidad, pero sobre todo aprendemos a gestionar nuestras emociones en base a todo lo que nos pasa.

Aprendemos a sentir la profundidad de nuestro corazón con una gran fuerza, sin avergonzarnos de ella.

Aprendemos a soltar, todo lo que no nos permitía continuar.

Aprendemos a abrazarnos en silencio, secar nuestras lágrimas en soledad y vendar nuestras propias heridas sin nadie más.

Aprendemos a aceptar las cicatrices que la herida ya sana dejó, porque sabemos lo mucho que nos costó llegar hasta aquí.

Aprendemos a rompernos,
cicatrizar,
soñar y
vivir.

Amar-me

El camino ha sido largo, tantas noches cuestionándome si lo que hacía era suficiente, si lo que sentía estaba bien, si el ser yo mismo, era lo correcto.

Tantos días reprochándome frente al espejo lo que veía en él, hasta odiar lo que se reflejaba.

Tantos momentos donde sentía culpabilidad de todas las cosas malas que ocurrían en mi vida.

Empecé a ser un extraño en mi propio cuerpo, a replantearme si en verdad, mi vida valía la pena.

Con mucha dificultad, me di cuenta que tenía que sanar conmigo mismo, para vivir en paz.

Porque vivir en paz conmigo mismo no significa que las circunstancias me dejarán de afectar, sino que al ser yo mi más grande aliado, sabré como manejar mis emociones ante lo que me suceda.

Por eso el camino de amarse es tan complejo, pero tan necesario.

Es tan agobiante y a su vez aliviador,
porque te quitas el peso de ser perfecto,
para ser, sólo tú.

18

Desde que somos pequeños, imaginamos el cómo sería cumplir dieciocho y sólo queremos llegar a ese momento, hoy miro hacia atrás y quisiera volver a ser un niño, donde mi única preocupación, era escoger mi caricatura favorita antes de dormir.

Miro hacia atrás y abrazo a ese niño, lleno de miedos y sueños por cumplir.

Hoy veo la vida de manera distinta, han pasado tantas cosas, que me han hecho encontrarme con el dolor, la frustración y la felicidad.

En el camino aceptamos lo que no podemos cambiar, sanamos aquel corazón roto de un amor adolescente no correspondido y sobrevivimos de aquello que pensamos nos mataría en su momento.

Nos perdemos en el proceso,
pero también retomamos el rumbo en el camino.

Tener dieciocho es un reto, son cambios, responsabilidades y nuevos capítulos por escribir.

Sé que cada uno escribirá lo que deberá pasar en su propia historia.

De todo lograremos aprender,
hasta ser ese lugar seguro que imaginamos
tener de pequeños.

Hasta el último latido

El final para cada uno es incierto, únicamente puedo
decir que debemos vivir cada día,
como si fuera el último.

Hasta mi último latido no pararé de soñar, no permitiré
que nadie rompa mi corazón,
como lo hicieron antes.

Después de romperme y cicatrizar no permitiré
que me vuelvan a destruir.

Hasta mi último latido no permitiré que nadie me haga
daño, porque encontrarme ha sido el laberinto más
complejo, pero el más satisfactorio.

Hasta mi latido final, viviré viendo más allá de las
heridas, que algún día quemaron mi vida y que con sus
cenizas pude avanzar a ser,
lo que un día soñé.

Cuando crecimos
nuestras sombras también crecieron
pero son sólo viejos fantasmas
que crecemos apegados a
el trágico defecto es que ocultan la verdad,
que eres suficiente.

Sleeping At Last, «You Are Enough»

Carta para mí:
(Vivir)

Después de pasar por distintos ciclos, vivir es la opción más ideal incluso teniendo miedo, después de cicatrizar, puedes sentir que vives de nuevo, que luchar contra lo inesperado fue lo ideal para llegar hasta dónde estás.

Te convertiste en tu propia luz al final del túnel, porque seguiste tu corazón, recuerda que él no miente, te llevas las vivencias y los aprendizajes, para abrir un nuevo capítulo en tu vida.

A pesar de que nos perdemos en el proceso, de eso se trata, porque así logras encontrarte, encontrarte es reconfortante en todo el proceso y después de todo te quitas el peso de ser perfecto, para llegar al final y pensar: "Soy lo que un día soñé".

Y es así que cuando logremos ver más allá de las heridas, podremos avanzar, no todo será luz, pero una vez hayas cicatrizado tus más profundas heridas, podrás vivir y cumplir todo lo que un día soñaste.

Recuerda que tus grietas sólo te acordarán lo fuerte que has sido, que puedes llorar libremente cuando te toque aceptar diferentes escenarios y puedes aislarte cuando estés apagado o en piloto automático, que encontrarte sin salida es parte de la vida, al igual que sentirse en una sala de espera, porque esperamos mucho de los demás aun cuando las razones para quedarnos son inexistentes, porque siempre terminamos en el mismo bucle, quebrados, porque no aguantamos más.

Aunque quieras irte, sólo imagina los sueños que te quedan por cumplir y que al final sí sanamos con el corazón vendado, que los momentos fugaces de felicidad hacen brillar nuestros lugares rotos y que los miedos una vez enfrentados, nos pueden reconectar con el volante de nuestras vidas.

Recuerda que superarás todos los cambios que sobre pensar te ha traído, pero solamente tú puedes salvarte sin tener que ser una historia triste más, que nunca es tarde para juntar nuestras piezas rotas y darnos ese abrazo invisible que tanto necesitamos.

Por más perdido que nos encontremos siempre retomaremos el rumbo, dejando fluir y atreviéndonos a nuestros mayores retos de vida.

Porque sé que estaremos bien, a pesar de todo nos perdonamos, le damos un último adiós a todo lo nos hacía daño, para darle la bienvenida a personas que se convertirán en un hogar y lo mejor de todo, nos reencontramos con una versión de nosotros que se está comenzando a amar.

Es en la oscuridad cuando brillamos, sólo hay que creer hasta el último latido.

Nota de autor

Querido lector, espero hayas podido pasar conmigo las etapas de una herida, espero los poemas hayan vendado tu corazón tanto como lo hizo con el mío, no olvides que al final de todo podremos ver más allá de las heridas, para poder vivir libremente.

Si llegaste hasta acá, te quiero dar las gracias, por fijarte en el libro, por quedarte y no irte, lo aprecio muchísimo.

A estas alturas no sé si alguien llegará hasta acá, pero en el caso de que sí, quisiera enviarte un abrazo enorme, no sabes lo agradecido que estoy, me encantaría enormemente que me enviases tus poemas favoritos.

Te dejo una playlist de regalo con las canciones que identifican al poemario.

Con amor, David.

Agradecimientos

Terminar mi primer poemario me llena de nostalgia, porque significa el cierre de un capítulo en mi vida y el comienzo de uno nuevo, me enamoré desde el primer día de este libro, logró vendar mis heridas internas de las que me había olvidado, y lo más importante me entregó un motivo para seguir en este laberinto llamado vida.

Agradecido con la luz permanente en mi vida por acompañarme en el camino, algunos le llaman universo, yo le llamo Dios.

Agradecido con el David que se atrevió a realizar un deseo del corazón que tenía mucho tiempo haciéndose en mi cabeza, pero por miedo jamás lo intenté, realmente le he puesto todo el corazón, aunque muchas veces no quería ni seguir conmigo mismo.

Agradecido con mi familia, en especial a mis abuelos, por estar a mi lado, por permanecer siempre, son todo para mí, nunca me falten.

Agradecido con mi diva y mis hermanos Alessandro y Claudia que siempre me hacen sentir en casa en cada día lluvioso, son mi refugio en el derrumbe, sin ustedes nada sería posible.

Agradecido con Valeria, mi mejor amiga, gracias por vendar mi corazón cuando ni yo mismo pude, por creer en mí y por estar en cada paso que doy tomando mi mano.

Agradecido con mi Papá, por ayudarme en el proceso y por estar presente aun en la distancia.

Agradecido con mis amigos por animarme siempre y hacerme ver una luz al final del túnel.

Agradecido con mis amigas: Andrea y Alondra, reparan lo que no rompieron, me hacen sentir como si no estuviese roto.

Agradecimientos especiales a todas aquellas personas que de una u otra manera le sumaron al poemario, sin ustedes mi libro no sería posible.

Y sumamente agradecido a ti lector, gracias por leerme, no sabes lo que significa para mí, te mando las mejores vibras, espero volver a encontrarnos en algún otro libro.

Índice

Más allá de las heridas
Etapas de una herida 9

Romperse
Grietas 13
Lágrimas 14
Aceptar 15
Aislar-me 18
¿Hasta cuándo? 19
No aguanto más 20
Sin salida 22
Dolorosa espera 23
Alma triste 24
Razones 25
Desvivir-me 28
Quebrar-me 29
Bucle 31

Cicatrizar
Heridas 37
Piloto automático 38
Siento 40
Quedarme-irme 41

Al final sí sanamos 42

Lugares rotos 44

Momentos fugaces 45

Corazón vendado 46

Miedos 48

Hogar 49

Volver a mí 50

Mi último adiós 51

Soñar

Lo superaré 57

Cambios 58

Sobre pensar 60

Salvar-me 61

Carga inhóspita 64

Historia triste 65

Nunca es tarde 66

Piezas rotas 68

Abrazo invisible 69

Ser-estar 70

Perdido 71

Vivir

Fluir 77

Atrévete 78

No se brilla ....

sin oscuridad 79

Latidos constantes	82
Estaré bien	83
A pesar de todo	84
Creer	86
Perdonar-me	87
Silencio	90
Amar-me	91
18	93
Hasta el último latido	95
Nota de autor	101
Agradecimientos	103

Printed in Great Britain
by Amazon